Biljana Popovic

Die Traumsammlerin
Fantastische Geschichten

Biljana Popovic

Die Traumsammlerin

Fantastische Geschichten

Rediroma-Verlag

Bibliografische Information der Deutschen Nationalbibliothek:
Die Deutsche Nationalbibliothek verzeichnet diese Publikation in der Deutschen Nationalbibliografie; detaillierte bibliografische Daten sind im Internet über http://portal.dnb.de abrufbar.

ISBN 978-3-98527-955-5

Foto der Autorin: Denis Prier

www.rediroma-verlag.de
13,95 Euro (D)

Für meine Familie und Freunde, die mein Leben erhellen – dieses Buch ist für euch! Es ist auch für meine Leser, die sich auf die Reise mit mir begeben und in diesen Seiten Inspiration und Ermutigung finden. Ich hoffe, dass ihr beim Lesen, etwas über euch selbst entdeckt, um eure Träume zu verwirklichen.

In Liebe und Dankbarkeit,
Biljana Popovic

Inhalt

STIFT UND PAPIER

Alle meine Geschichten, die ich schreibe, haben etwas Gemeinsames. Obwohl jede einzelne Erzählung in einer eigenen Welt stattzufinden scheint, sind die Welten eng miteinander verbunden. Auch wenn sie über wahre Begebenheiten berichten, oder erfunden sind, sind sie alle offenbar Momentaufnahmen aus meinem Alltag. Alles, was in meinem Kopf herumgeistert, versuche ich in Worte zu fassen. Ich filtere meine Gedanken nicht. Nur so kann ich weiterarbeiten, bis das Schreiben ein fester Bestandteil meiner alltäglichen Rituale geworden sind. Sie helfen, mir meinen Alltag zu bewältigen, aus meinem Alltag für einen Moment herauszukommen, als wäre ich in einem exotischen Urlaub gewesen, an einem fremden Ort. Und so sehe ich mehr Farben in meiner Umgebung. Es bereitet mir große Freude, wie ich alles um mich herum vergessen kann und aus der Vogelperspektive die Welt beobachte. Je glücklicher ich werde, desto mehr werden die Nuancen prachtvoller, einzigartiger und flüssiger. Sie werden zu einem Lebenselixier, zum Überleben wichtig. Und wenn ich meine Fantasie mit anderen Menschen teilen kann, dann ist mein Glück im wahrsten Sinne des Wortes unendlich.

Wenn ich eine Idee fertig skizziere und beende, dann bin ich in meiner Mitte angekommen. Ich vergesse alles Irrelevante und bekomme eine neue

Energie zurück. Meine Inspirationen für die Themen bekomme ich auch von überall. Aber die meisten Ideen kommen, wenn ich mit scheinbar langweiligen Sachen beschäftigt bin: staubsaugen, in einer Menschenschlange in einem Discounter stehen, Fenster putzen (durch das Spiel von Sonnenlicht und Spiegelreflexion kann man sehr interessante Assoziationen erkennen), bügeln – die Voraussetzung ist, dass Bügelbrett sich im Keller befindet, damit man ja ungestört ist. Die Inspirationen sind endlos.

Ansonsten bin ich immer wachsam und warte darauf, dass etwas passiert. Das kann alles sein: Regen in der Nacht, Hintergrundmusik in einer Baar, ein kleines Kind, wenn es fröhlich seine Hände in die Höhe streckt, und das schöne Vergissmeinnicht in einem Park. Aber am meisten liebe ich die Stille und die Einsamkeit um mich herum. In einem Hauch von Nichts wachsen meine Ideen und verwandeln sich in pure Magie.

Ich weiß, dass ich noch viel lernen muss, aber das Wichtigste habe ich schon begriffen: Wenn man die Geschichten in eine Lebensform zaubert, zaubert man damit auch ein Gefühl. Dieses gibt uns die Erkenntnis, dass man etwas sehr Wichtiges erschaffen kann. Sehr wichtig für uns Frauen. Ich verbringe sehr viel Zeit zu Hause. Soll ich nach dem Putzen und den ganzen anderen Arbeiten wieder putzen?

Nein, sicher nicht. Ein Stift und Papier sind immer in meiner Nähe, überall verfügbar und einsatzbereit.

Einfach, oder?

1. DIE BUCHSTABENSAMMLERIN

Sie befindet sich wieder in einer dieser Sackgassen, in welcher sich keine separaten Ideen, Orte und Möglichkeiten zur Auswahl befinden. Nichts, was sie zu einem Ziel bewegen könnte, um ihre Aufmerksamkeit zu lenken. Um ihrer kostbaren Zeit einen Sinn zu geben.

Alle Straßenschilder sind leer und führen nirgendwohin. Und auf den einsamen Straßen befindet sich keine Menschenseele. Aber sie sammelt trotzdem die Buchstaben sorgfältig weiter, als wären sie Schneeflocken, die vom Himmel fallen.

Sie sind im wahrsten Sinne überall, wohin ihr Blick hinfällt: auf die Haare, im Himmel, sogar auf ihr Essen. Und wenn sie nicht mehr weiß, was sie damit machen soll, sammelt sie die Buchstaben einfach weiter.

Es wird eine Ordnung gesucht, die Verbindungen erschafft und Formen, direkt aus ihren chaotischen Gedanken. Daher sollte sich diese Erzählung auch „Die unendlichen Gedankenformen“ nennen.

Es werden Tausende Wörter in die Geschichten getaucht und so ausgiebig ausgewertet, als wäre jede einzelne Geschichte ein Würfel in einem Labor gewesen. Sie fließen jede Stunde durch ein Fließband, immer weiterhin sorgfältig im Kreis, bis ein Universum aus zufälligem Wissen, Ereignissen, Theorien und fantastischen „was wäre, wenn“-

Legenden eines Tages eine Chance bekommen das Licht des Tages erblicken zu können.

Manchmal schließt sie die Augen und hält inne. Ohne an etwas anderes zu denken, entstehen schon die ersten Bilder auf einer dunklen Leinwand. Wie von einer Hand gezeichnet bilden sich die ersten Gemälde, Figuren, Orte und sogar Emotionen.

Jede Abbildung ist mit einer Farbe verziert. Sie alle warten auf eine Position, eine Platzierung, damit sie alle auf dem Papier gegenseitig konkurrieren können.

Sie alle beginnen jetzt selbstständig zu wachsen und zu lernen, sodass sie große Macht besitzen. Jede einzelne Vorstellung im eigenen Takt zu synchronisieren, bedarf eine Selektion an das gewisse Etwas, auch „schreib einfach“ genannt. Jedes Spiegelbild reflektiert an einen anderen. Um sie alle anzupassen, braucht es viel Zeit und Zuwendung.

Sehr viel Zuwendung.

Sie nennt diese Fähigkeit auch „Nach Träumen suchen“. Als hätte sie auf einen magischen Knopf gedrückt und auf Autopilot eingeschaltet.

Alles andere erledigt sich einfach von selbst. Ihr ist egal, ob ihre Geschichten spektakulär sind. Oder gut genug. Sie möchte nur mit ihnen weiterwachsen und glücklich sein. Als ob ihr Schicksal schon immer mit ihrer Fantasie verbunden gewesen sei.

Ein Teil von ihr selbst.

Ein Teil von alldem, was sie aufschreibt.
Ein Teil von allem.

2. DIE TRAUMSAMMLERIN

Ein lautes Flugzeuggeräusch weckt mich aus meinem tiefen Schlaf. Frisch aufgewacht stehe ich auf und putze mir die Zähne. Ich ziehe meine langweiligen Klamotten an und bereite das Frühstück vor. Mit einem Toastbrot mit Erdbeermarmelade und mit duftend heißem Kaffee versüße ich mir den neuen Tag. Jeden Morgen habe ich die gleichen Rituale. Danach gehe ich an die frische Luft, bis ich dann meine kleine Wohnung putze. Ich muss mich aber sehr beeilen, weil ich sehr wenig Zeit habe.

Denn ich bin eine Traumsammlerin. Ich sammle das, was Menschen aus der Hand, oder aus den Augen verlieren. Jeder verlorene Traum ist wie eine goldene Münze. Wenn sie herunterfällt, macht es einen riesigen Krach, von dem die Passanten aber nichts merken. Nur ich habe die Gabe, diesen ohrenbetäubenden Lärm zu hören. Dann beginnt mein Einsatz. Ich eile so schnell wie möglich zu den Menschen, die das Wichtigste in ihrem Leben verloren haben. Sie bleiben abrupt stehen, wenn sie mich sehen.

„Entschuldigen Sie bitte, aber haben Sie vielleicht etwas verloren?“, lautet wie immer meine Frage.

„Nicht, dass ich wüsste. Aber mir fällt schon die ganze Zeit etwas auf“, sagt eine elegante Dame zu mir. Sie versteckt sich unter einem großen schwarzen Hut mit vielen schwarzen Federn. Sie atmet tief aus und überlegte anstrengend, was das sein könnte.

„Keine Angst. Ich helfe Ihnen. Haben Sie etwas aus der Hand oder aus den Augen verloren?“, frage ich sie erneut.

„Liebes, ich denke, ich habe etwas aus der Hand und aus den Augen verloren“, sagt sie und blickt träumerisch in den blauen Himmel. Ich weiß, dass es so gewesen sein muss. Als ich den Lärm höre, sehe ich von Weitem, wie sie mit ihren Augen durch die ferne Weite blickt. Als wäre nichts in ihrer Nähe. Typisch für Menschen, die ihre Träume fast täglich verlieren. Jeden Tag machen sie den gleichen Fehler und vergessen, dass sie etwas Besonderes in ihren Händen tragen und in ihrem Augenwinkel ständig etwas übersehen. Sie können jederzeit das Verlorene finden. Deswegen bin ich auch da.

„Wenn das so ist, dann denken Sie über das nach, was Sie schon immer machen wollten.“ Voller Hoffnung warte ich auf ihre Antwort.

„Ich wollte Opernsängerin werden. Aber jetzt ist es zu spät.“

„Es ist nie zu spät, einen Traum zu finden. Machen Sie das, was ihr Herz begehrt!“, offenbare ich ihr meine geheime Formel.

„Wirklich?“

„Aber ja!“, sage ich.

„Danke, Liebes. Ich werde genau das tun.“

Sie blickt noch einmal in den Himmel. Ein Gemälde an der Wand schimmert im Tageslicht. Sie bedankt sich und geht raus aus meiner Praxis, ohne einen weiteren Termin zu machen. Gerade als ich eine Pause machen will, höre ich erneut einen Krach. Ich blicke Richtung Tür. Niemand ist da. Ein Traum ist wie ein Puzzleteil. Wenn man es findet, findet man alles im Leben. Erneut gehe ich auf die Suche.

Dieses Mal bin ich dran.

3. DIE PHILOSOPHIN

Sie war schon immer eine hoffnungsvolle neugierige Philosophin, die auf die Suche nach dem gewissen Etwas war. Egal, was sie machte oder wohin sie ging, sie forschte nach Beweisen Gottes.

Manchmal schaute sie stundenlang über ihrem Kopf die flauschigen Wolken an, während ihr Haar den grünen Boden voller Vergissmeinnicht berührte. Ganz langsam zogen sie transformierend den Himmel entlang und dann passierte etwas Magisches.

Als die Sonne ihre Augen durch die Kastanien Blätter blendete, existierte die Zeit nicht mehr. Nur die Unendlichkeit breitete sich ohne ein Ende aus, manchmal sogar, bis den Horizont sich verdunkelte.

In ihren Augen spiegelten sich die funkelnden Sterne, als ob sie alle schon wussten, wo das Göttliche versteckt war. Manchmal wollte sie fragen: „Habt ihr vielleicht irgendwo Gott gesehen?“

Aber sie entschied sich dagegen. In der Stille der Nacht hatte sie das Gefühl, als ob sie sich jeden Moment daran erinnern würde, wo Gott sich jetzt befinden könnte. Manchmal wusste sie es plötzlich und dann vergaß sie wieder.

Sie war jedes Mal so glücklich, wenn sie eine rote Rose entdeckt hatte. Diese sah so zärtlich aus, aber doch so anders als alles andere in dieser Existenz.

Ihr Duft erfüllte den Raum, immer, wo sie sich befand, um sie zu trösten.

Und sie konnte nicht anders, als sie erneut zu betrachten. Bezaubernd auch bis zum endgültigen Schluss, wenn sie ganz verwelkt war.

Wenn das keine Unsterblichkeit war, was war es dann? Diese Blume war immer noch so wunderschön.

Jede Farbnuance auf der ganzen Erde, ein Regentropfen, Schneeflocken oder der Wind, sie alle wirkten so, als kannten sie jedes Geheimnis dieser Welt. Obwohl sie keine Fragen stellen konnten, wussten sie bereits, dass die Liebe schon immer da war.

Und diese Erkenntnis war ihr mehr als genug. Es war ihr ein ultimatives liebevolles Dasein, mit vollem Vertrauen und Selbsterkenntnis. Wenn das alles keine Beweise Gottes sind, was sind sie dann?

Sie öffnete ihre Augen, der sonnige Tag hielt immer noch an. Sie musste wohl geträumt haben, dass die Sterne vor ihren Augen waren.

Es fühlte sich wie ein einziger Augenblick an in eintausend Lichtjahren.

4. SCHWARZWEISSE WELT

Meine Oma kam mit einer besonderen Gabe auf die Welt. Jedes hundertste Kind ist noch heute davon betroffen. Sie konnte sich damals sehr glücklich schätzen, dass sie etwas ganz Besonderes war.

Aber ich erzähle euch meine Geschichte von Anfang an. Im Jahr 2099 werden Kinder ohne die Fähigkeit geboren, Farben zu erkennen. Manche glauben, dass dieses Phänomen eine Gottesstrafe sei.

Wissenschaftler können nicht einordnen, ob ein Virus dafür verantwortlich ist, das unsere DNS schädigt. Sie versuchen, immer noch ein Medikament gegen diese Einschränkung zu finden, leider vergeblich. Dieses Phänomen hat viele Folgen für die Menschheit, die Welt muss sich dem anpassen.

Jahre vergehen und die Erinnerungen an Farben sind so gut wie verschwunden. Vieles ist nicht mehr so, wie es mal war, vor allem hat die Kunst einen großen Wandel durchlebt. Bilder werden von Künstlern gemalt, aber instinktiv wissen sie, dass ihre Werke nicht ganz vollständig sind. Als ob eine Erinnerung in ihrem Unterbewusstsein versteckt geblieben ist. Sie benutzen endlose Nuancen von Schwarz bis zu verschiedenen Grautönen, um ihren Kunstwerken einen vollständigen Glanz zu verleihen. Dass es noch mehr gibt, haben sie bisher nie erfahren können. Sie werden nie malen wie die Künstler aus einer anderen Zeitepoche. Als die Welt noch vollständig war. Die Meisterwerke aus dieser Zeit stehen immer noch in Kunstgalerien zur Schau. Sie unterscheiden sich sehr stark von der neuen Kunst von heute. Die Farbschichten sind auch in schwarz-weiß so vielfältig, dass kein einziger Künstler von heute es geschafft hat, sie so zu malen, wie die Meister sie damals kreiert haben. Es scheint, als können wir nicht richtig unsere Talente nutzen. Wir sind nicht in der Lage, unsere Potenziale vollständig auszuschöpfen.

Es hat sich auch ergeben, dass dadurch die Musik permanent beeinflusst wurde. Es gibt keine Titel mehr, die faszinieren und zu Tränen rühren. Die Melodien haben auch ihre zauberhaften Schwingungen verloren. Nicht mal Erinnerungen an Düfte sind uns geblieben. Wenn die Blumen keine Farben haben, dann riechen sie auch nicht mehr. Es ist so, als wäre viel mehr an unserem DNS-Code verändert, als bisher angenommen. Das Problem ist viel größer als gedacht.

Aber diese Kinder sind anders. Jede Berührung, jedes Geräusch wecken Assoziationen auf die Pracht der bunten Welt. Sie riechen Blumen sogar, ohne sie zu sehen. Sie erleben Explosionen von Gefühlen, wenn sie eine Melodie hören. Ich glaube fest daran, dass wir uns eines Tages an die Farben erinnern werden. Und es wird alles so sein, wie es früher einmal war. In jedem von uns schlummern die Fähigkeiten. Damit wir träumen dürfen.

Das war mein neuestes Update für heute. Ich aktualisiere die Computer Programme für die Zukunftsvoraussage, in der Hoffnung einen Fehler aus der Vergangenheit zu finden.

Die Programmierung ist damit abgeschlossen.

Neustart im Frühjahr 2171

5. DAS UPDATE-SCHWARZWEISSE WELT, Teil 2

„Emma, wach auf! Es ist ein Notfall.“ Eine eindringliche Stimme riss mich aus meinem Schlaf. Ich krieche aus meinem Bett. Meine Armbanduhr leuchtet rot.

„Was ist los, Lia?“, fragte ich sie.

„Das Programm für die Zukunftsvoraussage ist abgebrochen. Es tut mir leid.“, sagte die freundliche Stimme aus meiner Uhr. Ich lehnte mich verschlafen an die Wand und schwieg. „Ich weiß, du möchtest die Farben in die Welt zurückbringen. Aber das ist nicht der richtige Weg.“

Stille. Ich atmete tief durch. Ich stellte mir alle Farben vor.

„Wenn es dir hilft, erzähle ich dir eine alte Geschichte, Emma.“

Aber ich ignorierte die Stimme. Sie konnte nicht fühlen, das, was ich gerade empfand. Lia war nur eine künstliche Intelligenz. Und doch redete sie weiter zu mir: „Eines Tages las ein kleiner Junge aus seinem Bilderbuch eine Geschichte vor. Darin war eine Prinzessin und, stell dir vor, sie forderte ihn auf, einen Schlüssel zu finden. Dieser war in einem Palast versteckt und damit könnte er alle geheimen Türen öffnen. In jedem Raum hinter diesen Türen befanden sich alle verlorenen Farben. Wenn er genügend Menschen finden würde, die an seine

Geschichte glaubten, würde sich die Evolution zurückdrehen. Und es würde alles so sein, wie es einmal früher war. Eine Welt mit zauberhaften Kolorierungen."

„Lia, ich möchte weiterschlafen." Ich machte es mir gemütlich zwischen meinen Kissen.

„Dein Puls ist über siebzig, dein Blutdruck steigt. Du kannst nicht wieder einschlafen."

Ich verdrehte meine Augen. Sie ist so nervig, ging es mir durch den Kopf.

„Vielleicht hilft es dir, wenn ich sage, dass die Menschheit großes Glück hat."

„Wie meinst du das?" Und ich schloss meine Augen wieder.

„Bevor die Farben aus der Welt verschwunden waren, sind einige Kriege ausgebrochen. Wenn Farbverlust eine Apokalypse wäre, dann ist sie gut ausgegangen. Wir können die Welt noch retten. Es ist nicht zu spät."

Ich dachte darüber nach, was sie gesagt hatte. Und es machte „Klick" in meinen Gedanken. Ich richtete mich wieder auf. „Meinst du, dass die Farben aus der Welt ausgelöscht sind? Deswegen können wir sie nicht sehen?"

„Ja", sagte sie ruhig.

„Aber wieso können nur die Auserwählten die Farbtöne sehen?", hakte ich nach.

„Jeder von ihnen hatte seinen Schlüssel gefunden", war die Antwort.

Ich schaute auf meine Uhr und öffnete mein altes Foto Album. „Ich muss in die Vergangenheit reisen und alles wiedergutmachen”, meinte ich.

„Entspann dich. Atme“, sagte Lia, und ich musste eingeschlafen sein. Als hätte jemand zuerst die Tür aufgemacht, hörte ich ein Summen. Ich schaukelte sanft in der Luft hin und her. Als ich meine Augen aufmachte, war ich zu Hause. Mein richtiges Zuhause.

„Willkommen zurück Emma, im Jahr 2040. Siehst du, warum diese Simulation wichtig für eure Generationen ist?“, sagte mein Mentor.

„Ja, ich habe verstanden. Es war mir eine Ehre mitzumachen.“

Das Experiment ist wohl gelungen, oder etwa nicht? Meine Pupillen wurden winzig, als ich versuchte, in seine Gedanken hereinzukommen.

6. DIE ZEITMASCHINE

Unsere Blicke waren sich im Vorbeigehen begegnet. Ich tat aber so, als wäre ich an einer Geschichte interessiert, die meine Freundin gerade erzählte. Aber in Wahrheit machte ich mir nicht einmal die Mühe, sie zu verstehen. Ich hörte nur das endlose Wasserblubbern, obwohl hier auf der Straße gar kein Wasser war. Nur die Menschen, sehr viele Menschen, die an diesem Sommerabend draußen spazierten und nach Cafés suchten. Und sie hatten alle keine Handys dabei. So war das Leben damals. Ich habe heute nicht so viele Momentaufnahmen, die detailliert bezeugen können, wie das Leben vor einer sehr langen Zeit war. Unbeschwert, leicht und hoffnungsvoll.

Ich nahm meinen den ganzen Mut zusammen und blickte noch einmal in seine Richtung. Seine langen Wimpern glänzten unter einer Laterne. Mit einem halben Lächeln schaute er mich an, als hätte ich seine Aufmerksamkeit verdient. Ich drehte meinen Kopf zur Seite und wartete.

Ein kalter Wind holte mich in die Gegenwart aus meiner Erinnerung zurück. Ich machte einen tiefen seufzenden Atemzug. In meinem Garten war es still und ruhig. Nur noch die Musik aus meinen Kopfhörern sauste in meine Ohren. Ab und zu kam eine Nachricht aus meinem Handy und unterbrach die Stille. Ich schaute mir die E-Mail-Liste an und wartete. Aber mir war nicht klar, worauf ich warten musste. Es war immer noch dieses Gefühl in mir, dass die Zeit sich unendlich in die Länge zog und unberechenbar zu sein schien. Mir war nicht klar, was sich auf meinem Tisch befand. Ein kleines Gerät, das uns durch die Zeit mitnehmen konnte. In die Vergangenheit und in die Zukunft. Der Blitz, der manchmal aus meiner Kamera schoss, wenn ich fotografierte, war eine Brücke zwischen diesen beiden Welten. Auf einer Seite war die Vergangenheit und auf der anderen die Zukunft. Und die Gegenwart war genau in der Mitte. Genau diese unsichtbare Mitte, die sich in jedem Moment um uns herum befand. Sehr still, aber immer präsent. Wenn diese zwei entgegengesetzten Ebenen zusammen kollidierten, entstand ein Moment, welcher gerade anfing und gleichzeitig endete. Ohne Pause hinterließen sie ein Echo in Form von Bildern. In unseren Erinnerungen wie auch in unserer Fotogalerie. Und wenn jemand sagt, dass wir niemals eine Zeitmaschine bauen können, der täuscht sich. Denn wir nutzen sie, jeden Tag. Das, was eine Kamera machen kann, kann ich schon sehr lange. Mich zu erinnern. Jeden Tag in Form von Bildern.

Ich schloss meine Augen. Er kam direkt auf mich zu. Der Boden unter meinen Füßen verschwand. Wie in einem Hologramm drehten sich die Mosaikbilder überall, wohin ich blicken konnte. Die Geräusche aus der Menschenmenge verzehrten sich wie in einem Schwarzen Loch. Die Farben verschmolzen sich miteinander und hinterließen ihre Spuren in der Luft. Als ich seine warme Hand berührte, blickte er tief in meine Augen und sagte zu mir:

„Hallo, mein Name ist Aleks. Und wie heißt du?“

7. WIE EIN DIEB

„Ich habe noch nie tiefer in deine geheimnisvollen Augen, blau wie der Ozean, hingesehen. Hätte ich das getan, wäre ich heute in einen ganz anderen Pfad abgebogen. Auf einem Pfad mit einem seltsamen Ausblick auf einen Weg mit leeren Jahreszeiten und ohne seine wundervollen Kulissen.

Ich habe dich noch nie mit auf meine Reise mitgenommen. Hätte ich das getan, hättest du mir wie ein Dieb alle meine Träume gestohlen. Und ohne sie kann ich nicht lange leben. Wie ein verschollenes Schiff, das auf einem verlorenen Meer treibt. Dann müsste ich auf Rettung warten.

Ich habe noch nie die Farben in deiner Nähe erlebt. Du hast sie alle mit deinem messerscharfen eiskalten Blick getötet. Am Ende warst du nur ein schwacher, blasser Punkt am Ende dieser Geschichte gewesen. Nicht mal dieses Tupfen hast du dir verdient. Und nach einer langen Zeit ist auch dieser unsichtbar geworden. Als wärst du nie da gewesen.

Ich habe noch nie mit einer solchen Intensität und mit so vielen Farbnuancen auf einem Pinsel meine schöne bunte Welt gemalt.

Schade, dass du dir deine nie zeichnen konntest. Denn du bist schon längst verschwunden und das bevor ich dich zum allerletzten Mal sah.

Ich verspreche dir: Wir werden uns nie wieder begegnen."

Mit feinem Fingerspitzengefühl faltete ich meinen Brief zusammen. Ohne Reue schmiss ich ihn ins Feuer und das Feuer brannte fast bis zum Himmel hoch. Und damit trocknete es mir die kalten Tränen.

Der Mond wachte über die glühende Flamme, bis sich die Leichtigkeit in meiner Seele ausbreitete. Und meine Seele wurde leicht wie der Klang eines Lachens.

Der Rauch schlängelte sich durch den nächtlichen Nebel und am Ende war nur noch Asche, schwarz wie die Meerestiefe, geblieben. Nichts konnte sich mehr verbiegen.

Nur noch die Zeit, meine alte Freundin, flüsterte mir sanft zu, dass es an der Zeit ist, weiterzugehen. Ich machte zwei oder sogar drei Schritte zurück. Machte eine kurze Pause, lauschte dem Klang des Windes und das sehr, sehr lange.

Die Sterne funkelten im Himmel, so, als wären sie der wertvollste Schatz, dem ich jemals begegnet war.

Und ich erkannte in einem Moment, dass aus jedem einzigen Tag später ein neuer Tag werden würde.

8. GREIFE NACH DEN STERNEN

Ich schlage die Augen auf. Ich weiß nicht, ob ich nur träume oder wach bin. Das ist mir auch egal. In meinem Körper breitet sich die Wärme aus. Ich muss auch dazu erwähnen, es ist nicht nur das warme geborgene Gefühl, es ist noch etwas mehr. Es ist etwas größer, als man sich je ausdenken könnte.

Es ist die reine Liebe. Und zwar so eine, die aus einem hinausgeht. Hinaus bis zu jedem Winkel, wohin sein Blick hineinfällt. Und meiner führt bergauf, auf einem langen steilen Weg. Mit meinem Rucksack auf dem Rücken und mit schweren Schuhen, versuche ich, nach oben zu kommen. Der kalte Wind hinterlässt Spuren auf dem steinigen Boden. Aber er kann mich nicht mehr einschüchtern.

Ich ignoriere Durst, Hitze und die Einsamkeit. Ich bin zu gerne allein. Manchmal bekomme ich Angst, wenn es dunkel wird. Und bald es ist so weit. Bevor der Tag vollendet ist, schaue ich auf meine Weltkarte. Es ist noch ein Katzensprung bis zu meinem Ziel. Denn ich bin auf der Suche nach einem verlorenen Schatz. Aber die Karte verwirrt mich. Dort, wo die Städte sein müssten, sind nur kreisförmige Linien. Bin ich schon angekommen?, frage ich mich und schaue um mich herum. Hier gibt es nichts außer Bäume, Sand und diesen einsamen Gehweg. Ich gehe schneller. Und nichts änderte sich, alles ist so, wie es ist. In Sekundenschnelle wird es immer dunkler und ich bin stehen geblieben. Mir ist klar geworden, dass ich etwas übersehen habe. Das, wonach ich suche, befindet sich nicht irgendwo unter der Erde begraben. Das, was ich suche, ist zum Greifen nah. Und doch so weit. Vor meinem inneren Auge spielen sich die Szenerien ab. Um mir dann die Frage zu stellen:

„Wann war ich zum letzten Mal so glücklich, dass ich vor lauter Freude sprinten musste? Ungefähr vor dreißig Jahren, vielleicht?"

Ich heiratete und bin damals nicht gelaufen. Die Angst vor der Veränderung raubte mir die Kraft. Als meine Kinder auf die Welt kamen? Die Unsicherheit diktierte mir meinen Alltag. Und so vergingen weitere Jahre. So schnell wie Lichtgeschwindigkeit. Und ich bin immer noch nicht gelaufen. Aber jetzt ist vollkommen dunkel geworden. Und ich bin ganz allein. Und dann passiert etwas. Ich schmeiße meinen Rucksack weg und plötzlich weiß ich, wonach ich suchen muss:

Direkt auf meine Weltkarte.

Die Linien offenbaren ein Geheimnis. Es ist wie ein Code, den man knacken musste. Sie beginnen zu leuchten und verwandeln sich in ein Labyrinth. Ein Weg mittendrin beginnt zu leuchten. Ich folge ihm mit meinem Blick. Ich höre noch ein „Klick" und genau wie ein Rettungsshuttle, das an einem Raumschiff andockt, fügt sich die Liebe an „Greife nach den Sternen". In dem Moment erkenne ich das vollkommene Glück. Und gerade als ich sprinten will, offenbart sich eine weiche Stimme:

„Wach auf, Schatz. Es ist schon spät."

9. EINE GANZ BESONDERE SEIFENBLASE

„Ich kann das nicht“, sagte die kleine Lea und atmete schnell. Alles, was sie an diesem Moment sah, war nur ein verschwommenes Bild, als hätte sie jemand unter Wasser gezogen.

„Doch, du kannst es. Atme tief ein und aus, atme aus deinem Bauch. Denke an nichts als nur an diesen Augenblick.”

Im nächsten Moment versuchte die Mutter sie zu beruhigen. Aber Lea streckte sich aufrecht, um sich wieder zu beugen. Und so vergingen weitere Minuten und nichts geschah. Die Sonne prallt auf ihre Gesichter und hinterließ rote Wangen. Die Mutter verschränkte ihre Arme vor der Brust und wartete geduldig mit ihrem „Was passiert weiter?“-Blick. Ihr Kopf war auf die Seite gekippt, ihre Augen strahlten vor Freude.

„Aber, Mama, ich habe Angst. Ich mag nicht mehr.“ Lea verzog ihr Gesicht und protestierend biss sie sich auf ihre schmalen Lippen.

„Kein Grund, sich zu fürchten, Kleines. Es wird nichts passieren. Du kannst mir vertrauen“, sagte ihre Mutter aufmunternd.

Aber das Mädchen sah nur abwesend und traurig in die Ferne, während Kinder in den Schwimmbecken planschten und spielten.

„Lea, hör mir bitte zu.“

Sie nahm ihre kleinen Hände und setzt sich auf die Knie.

„Mach die Augen zu.“

Das kleine Mädchen tat das.

„Stell dir vor, du befindest dich in einer kleinen durchsichtigen Blase. Sie schimmert in wunderschönen Regenbogenfarben. Aber das ist nicht irgendeine Seifenblase, es ist eine ganz besondere. Wenn du an sie glaubst, dann kann sie dich überall mitnehmen, wohin du gehen möchtest. Du musst dir nur wünschen, wo sie dich sicher hinbringen kann. Wenn du an deinem Ziel ankommst, kannst du immer alleine zurück nach Hause kommen. Egal, wie weit du bist. Und zwar ganz allein. Da drinnen ist der sicherste Ort, dem du jemals begegnen wirst. Schaue dir alle Farben um dich herum an. Sind sie nicht prachtvoll?“

Lea nickte und ein Lächeln erschien an ihrem Gesicht.

„Jetzt drehe dich zurück und schließe deine Augen. Wenn du in die Blase hereingehst, dann sei mutig. Sie wird sich auflösen, sobald der Moment kommt.“

Und ohne weiter auf die Worte der Mutter zu hören, streckte die kleine Lea ihre Arme über den Kopf und sprang in das kalte Schwimmbecken. Sie hörte das Blubbern und sah viele winzige Seifenblasen unter dem Wasser. Schwerelos schwamm sie an die Wasseroberfläche. Das Gefühl von Leichtigkeit erfüllte ihre Seele, aber vor allem war da diese grenzenlose Freiheit, die sie wie ein Vogel fliegen ließ. Das war so leicht, dachte sie sich. Warum zögerte sie so lange? Sie kletterte zum oberen Rand des Schwimmbeckens und wollte gleich noch einmal springen. Und so blieb sie an diesem Ort bis spät in den Abend, um immer wieder in das Wasser zu springen. Bis sie vor Glück ganz erschöpft war. Und in dieser Nacht, während sie schlief, hörte sie in ihren Träumen viele blubbernde Wassergeräusche.

10. DIESER MOMENT – NACH EINER WAHREN BEGEBENHEIT

Mühsam gebe ich mir die Mühe, einen richtigen Mohawk auf dem Eis zu machen. Aus meiner falschen Seite. Beim Ballett und Eiskunstlauf gibt es immer zwei Seiten zum Trainieren. Bei jedem Sportler ist eine Seite besser als die andere. Sogar manche Sprünge machen wir umgekehrt und natürlich auch die Pirouetten. Viel zu schwer. Das Ballett punktet mit beiden Seiten, hier kann man schön trainieren, um die Muskeln gleichmäßig zu stärken. Von allen Basicelementen fällt mir dieses Element Mohawk immer noch am schwersten. Ich habe immer bei dieser Übung das Gefühl, dass ich etwas falsch mache. Sonst habe ich ganz viele Übungen gemeistert. Am meisten liebe ich Rittberger und Flipsprünge. Mit meiner Größe von 1,75 m mache ich mir Sorgen, dass ich nicht immer richtig auf dem Eis gleiten kann. Noch dazu bin ich auch schwer, weil ich harte Knochen habe. Gott sei Dank.

Heute ist ein Kamerateam dabei. Und ich liebe es, beim Filmdrehen mitzumachen. Das ist so faszinierend. Und ich habe viele Sprünge großartig gemacht.

ZEHN JAHREN VORHER

Ich bin 34 Jahre alt und meine beiden Töchter möchten wieder mal Eiskunstlauf trainieren. Ich bin nicht so motiviert, so lange in der Kälte zu sitzen, bis das Training vorbei ist. Plötzlich frage ich die Leiterin, ob ich auch trainieren dürfte.

„Natürlich. Haben Sie schon mal Eiskunstlauf trainiert?", fragt sie mich.

„Nein", ist meine schlichte Antwort.

Zuerst trainiere ich lange und hart zusammen mit Kindern. Wir üben nur vorwärts, rückwärts, bremsen und machen uns mit Außen- und Innenkanten vertraut. Jahrelang lerne ich so gut wie nichts, so ist mein Eindruck. Irgendwann, nach langer Zeit, komme ich endlich in die Erwachsenengruppe. Die Stand-Pirouette ist lange mein Traum gewesen. Aber ich gebe nicht auf. Ich wiederhole jedes Element immer wieder und immer wieder, bis ich sicherer auf den Kufen werde. Einige kleine Verletzungen machen mich sehr unsicher. Aber heute weiß ich, dass meine Muskeln stark sein müssen. Dann ist alles gut. Ich trainiere weiter.

Dieser Moment, wenn ich in die Luft springe, eine halbe bis eine ganze Drehung mache, ich fühle mich dann wie ausgewechselt. Ich bin frei wie ein Vogel, während die Eiskristalle um mich wirbeln. Und wenn ich sicher auf meiner 4-Millimeter-

Außenkante lande, diese ultimative Freude ist einfach unbeschreiblich.

Ich bin heute 44 Jahre alt und ich hoffe, dass ich noch viel Zeit auf dem Eis verbringen werde. Wer weiß, was ich noch dazulernen kann. Wenn ich immer die gleichen Bewegungen wiederhole, immer wieder kleine (in Zeitlupe) langsame Erfolgen feiere, dann ist jede Zelle meines Körpers mit purer Lebensfreude erfüllt. In einer Woche fange ich mit einem Trainer an, meine erste Kür zu lernen. Eine Kür umfasst die Bewegungen aller Elemente, die an meinen Fähigkeiten angepasst werden müssen. Ich habe mir eine sehr schöne Musik für meine Choreografie ausgesucht. Das wird voller bezaubernder Augenblicke sein. Ich kann es kaum erwarten, die Magie zu genießen.

11. EINE PERFEKTE NEUE WELT

„Du kannst das nicht!“

Mit aller Wucht stechen seine Worte auf die Wände und prallen direkt auf ihr Herz zurück. Ohne Worte, mit leuchtenden Tränen in den Augen, wartet Anna auf das Ende des Unterrichts. Seit vielen Jahren muss sie die Philosophie des Lebens und des Universums perfekt beherrschen. Erst dann darf sie über ihre Zukunft nachdenken.

Und sie ist erst dreißig Jahre alt. Viel zu jung für diese perfekte neue Welt. Aber vor einer langen Zeit im Jahr zwischen 1900 und 2500 war das noch viel schlimmer. Damals mussten sich die Kinder schon sehr früh entscheiden, was sie später machen würden. Und die meisten Menschen damals hatten nur einen einzigen Beruf.

Stellen Sie sich vor, dass Sie ihr ganzes Leben immer dasselbe tun. Die Köche mussten ein Leben lang kochen, Bauarbeiter draußen schuften und die Ärzte in einem Krankenhaus arbeiten.

Das waren sehr harte Zeiten. Schon im frühen Kindesalter mussten die Entscheidungen getroffen werden, die ihr ganzes Wesen in einer einzigen Richtung prägen würden.

Aber heute ist das anders. Nach einigen Kriegen und Hungersnöten wurde ein Heilmittel erfunden, das Menschen dazu verhilft, bis zu 160 Jahre alt zu werden.

Und so sitzt Anna heute auf die Schulbank und gibt sich viel Mühe, um die Mathematik zu verstehen, weil sie später Astronautin werden möchte, um das restliche Weltall zu erforschen. Danach will sie Olympiasiegerin werden, aber sie weiß immer noch nicht, für welche Disziplin sie sich entscheiden soll.

Aber sie hat genug Zeit vor sich, um über alles nachdenken zu können. Erst mit fünfunddreißig Jahren darf sie in den Weltraum fliegen.

Und so sitzt sie heute da, in der Hoffnung, dass sie sich auf dem richtigen Platz und im richtigen Moment befindet. Dankbar, in der Gegenwart zu leben, im Jahr 3000. Nicht ahnend, dass sich nicht viel in der Welt geändert hat. Die Menschheit ist gleich geblieben.

„Du kannst das nicht lösen, weil du ständig nach draußen durch das Fenster schauen musst. Ich sehe das! Ich sehe, dass du träumst! Hör auf damit! So kannst du nicht deine Ziele erreichen, Anna. Konzentriere dich!“, sagt der Lehrer und meint das bitterernst.

Aber Anna weiß schon längst, was die Menschheit ausmacht. Die neuen Generationen werden das endlich verstehen. Man muss für seine Träume hart kämpfen. So einfach ist es. Alles andere ist nur eine blasse künstliche Form des Überlebens.

12. DIE MEISTER DES LEBENS

Diese tief sitzende, manchmal bis zum Himmel hohe Sehnsucht in mir ... Ich kann es mir nicht erklären, warum sie so oft bei mir ist. Wenn sie zu mir flüstern würde und alle Bedürfnisse stillen könnte, wäre ich heute ein anderer Mensch. Aber ich bin es nicht. Vor sehr vielen Jahren vielleicht, aber heute bin ich ganz erwachsen. Egal, was ich tue oder wohin ich auf meine Reise gehe, es fehlt mir immer etwas. Mein Herz und die Seele sind nicht vollständig. Und es wird so bleiben, denke ich. Es liegt einfach in der menschlichen Natur, dass diese Leere in uns wie aus einem Nebel unsere Herzen in einen dunklen Schatten verwandelt. Deswegen sind wir alle die großen Meister des Lebens. Wir verzichten, trennen uns, auch wenn es wehtut. Wir müssen ständig auf etwas warten und uns gedulden, auch wenn wir es nicht wollen. Wir lernen Geduld, auch wenn es manchmal viel zu sehr schwer ist. Und immer tragen wir in uns die Hoffnung, auch wenn wir nicht genau wissen, was diese Hoffnung wäre. Aber sie macht uns wenigstens das Leben leichter und angenehmer.

Viele denken, es ist die romantische Liebe, die diese Sehnsucht heilen sollte, und vergraben sich noch tiefer in ihrem Loch. Weil manche nicht wissen, was die wahre Liebe ist. Manche stellen sich

Reichtum vor und geben alles, um eines Tages ihren Wohlstand genießen zu können.

Liebe Sehnsucht, ich habe dich schon längst durchschaut. Ich werde sicher nicht von meinem Weg abkommen. Egal, wie du gerade an deinen Plänen schmiedest. Ich werde mich immer daran erinnern, warum du hier bist. Und vor allem warum du so nützlich bist. Ich habe es satt, dich viel zu oft in meiner Nähe zu haben.

Wenn ich zu Hause bin, warum bin ich nicht dort, woher ich komme? Wenn ich dort bin, warum bin ich nicht zu Hause? Wenn ich draußen bin, sollte ich mich lieber auf dem Sofa ausruhen. Wenn ich mich ausruhe, sehne ich mich nach draußen. Das ewige Spiel am Hamsterrad, wer möchte schon so spielen? Aber wie ich schon sagte: Ich weiß, warum du ein ständiger Begleiter bist!

Ohne dich hätten wir gar nichts. Keine Motivation, Potenzial, Kunst, Talente oder Herausforderungen. Wir wären weit zurückgeblieben, in einer langweiligen Welt. Wir brauchen jemanden, der immer auf unserer Seite ist. Ein liebevoller Vater, Mutter, Kind, Oma, Lehrer, Freund und andere wunderbaren Seelen. Um uns zu lieben, zu schätzen, zu lehren, zu unterstützen und uns die Sorgen zu nehmen. Das ist so wichtig. Dann ist die Sehnsucht auch verträglicher, möglicherweise ist sie auch mal länger weg. Vielleicht ist es auch schön mit ihr.

Nicht nur die Intelligenz und Ausdauer ist wichtig in der heutigen Zeit. Es sollen langsam auch andere Prioritäten ganz nach oben auf unsere Liste gesetzt werden. Jetzt viel mehr als jemals zuvor:

Mitgefühl, Respekt, Geduld, Mut, Wertschätzung und natürlich die Liebe. Und liebe Sehnsucht, dann kannst du nur ein stiller Beobachter sein. Sonst kannst du nur kommen, wenn ich dich herbeirufe. Weil ich gerade ein bisschen träumen darf.

13. DER ALTE MANN

Seine schwarzen Wimpern glänzen an dem hellen Computerbildschirm. Er schaut gerade vor sich, als ob etwas Magisches von alleine passieren wird. Er versucht, Geschichten zu schreiben, die voller Abenteuer und Zauber sind. Wie immer.

Aber wieder geschieht heute nichts.

Und so war auch gestern und vorgestern; vor einer Woche und vor einem Monat. „Warte mal“, murmelte er laut vor sich hin. Das macht er sehr oft, wenn er alleine ist. So hat er das Gefühl, dass er einen unsichtbaren Mentor bei sich hat. Jemand, der ihm immer beim Schreiben hilft. Nun ist sein imaginärer Helfer selbst verzweifelt und hat keine Tipps mehr für ihn.

Marko ist sein echter Vorname. Seine Lippen zeigen nach unten, die Pupillen funkeln ganz seltsam. „Ich kann nicht schreiben, seitdem ‚sie‘ mich verlassen hat.“

Jetzt reißt er seine Augen auf, sein Blick fällt auf die Tastatur. Seine langen Finger ruhen auf den Buchstaben.

„Sie hat mich verflucht, dass ich jetzt nur noch schreiben kann, wenn ich mich verliebe.“

Er springt von seinem Arbeitstisch auf und nimmt seine Lederjacke aus dem alten Holzschrank. Aber diese ist ganz besonders. Er hat diese zusammen mit seinem Vater gefertigt. Die beiden Männer verbrachten sehr viel Zeit miteinander und mit Tränen in den Augen erinnert er sich an die warmen Worte seines Vaters: „Mein lieber Sohn, höre immer auf dein Herz. Manchmal ist es schwer, es zu verstehen, aber habe Vertrauen und ganz viel Geduld."

Marko schlenderte durch die schmalen Gassen. Die Kälte bohrt sich in seinen Knochen. Seine immer wiederkehrenden Gedanken geben ihm keine Ruhe mehr. „Wie soll ich mich verlieben? Wie soll ich jemals wieder schreiben?", fragt er sich in seinem Inneren. Schließlich schreit er „verflucht" laut vor sich hin. Fest überzeugt, dass sein imaginärer Freund neben ihn steht. Und mit ihm mitfühlt.

Ein Passant wirft ihm mitleidige Blicke zu. Er ist so in sich gekehrt, dass er die Welt nicht mehr erkunden kann. Und ich sage euch: Wenn er nichts mehr wahrnehmen kann, wie kann er weiterschreiben? Er glaubt immer noch, dass er sich verlieben muss, um neue Geschichten erzählen zu können.

An diesem Tag kommt er in einen Laden, um einen Schnaps zu kaufen. Er braucht einen Drink. An der Schlange direkt vor ihm steht ein alter Mann. Seine braune Jacke wurde per Hand genäht, aber sauber. Seine rauen Hände zittern, während er nach Kleingeld sucht. In seinen Korb befindet sich ein Weißbrot und eine Dose Bohnen. Als er sein Essen auf die Kasse legt, als wäre es etwas Kostbarste, lächelt er freundlich. Hinter seinen Blicken verbirgt sich ein Leben voller Freude, Abenteuer und Trauer. Alles gleichzeitig. Vor allem ist es die Liebe, die aus seinen Augen strahlt.

Marko vergisst seinen Schnaps und rennt nach Hause, so schnell wie er kann. Seine Finger tippen über die Tastatur, als wäre sie ein Piano. Die Klänge sind das Schönste, was er jemals gehört hat. Sein Mentor lächelt zufrieden und lauscht fasziniert nach der Klanglandschaft, die sein Schützling hinterlässt.

14. GEBRAUCHSEINLEITUNG FÜR DEN ZEITFLUSS

Ich war damals dreiundzwanzig Jahre alt, als meine älteste Tochter in den Kindergarten kam. Ihre Hände waren so klein und in ihrem rosa Pulli sah sie bezaubernd aus.

Stolz trug sie ihre Brotzeittasche um ihre Schulter und zeigte ihr fröhliches Lächeln. Aber als ich mit ihr in das Gebäude kam, stockte mir der Atem. Der vertraute, süße Geruch und die vielen mit Käfern und Schmetterlingen bemalten Aufkleber auf der Garderobe versetzten mich schlagartig in der Vergangenheit zurück.

Es fühlte sich an, als wäre ich selbst ein Kleinkind gewesen, das gerade um die Ecke spielte. Ein Moment, der vor sehr langer Zeit stattgefunden hatte und mich plötzlich in meiner Erinnerung zurückholte. Heute, nach zweiundzwanzig Jahren, weiß ich jedoch, dass damals nicht diese Zeit „vor sehr langer Zeit“ war. Was die intensiven Rückblenden erklärt. Früher dachte ich, dass Kindheit und Jugendzeit sich endlos in die Länge ziehen. Irgendwann später erschien mir, das Leben ist viel zu kurz.

Ich habe oft in wissenschaftlichen Büchern gelesen, dass Forscher das Leben als kurz bezeichnen. Sie haben das Recht dazu, denn sie sind sehr klug. Und ich glaubte kurz daran.

Aber heute gehe ich respektvoller mit meiner kostbaren Lebenszeit um und achte darauf, sie nicht mit unnötigen Dingen zu vergeuden. Denn Stunden und Minuten sind sehr kostbar für mich.

Früher war ich manchmal wütend, heute bin ich ausgeglichen wie nie zuvor. In diesem Zustand kann ich den Zeitfluss beeinflussen, und er bewegt sich ruhiger. Wenn wir mit Egoismus erfüllt sind, passt sich die Zeit nicht mehr an uns an. Sie hat ihren eigenen Rhythmus und wir sind nicht mehr in der Lage, uns mit ihr zu verbinden.

Aber wenn wir voller Liebe sind, bekommen wir nicht nur Liebe zurück, sondern mehr Zeit als Dankeschön dafür, dass wir voller Liebe sind. Wir bekommen mehr Momente, Tage sind länger und Jahre freundlicher. Wir bleiben jung und stark, egal, wie alt wir sind.

Es reicht, oft an die Liebe zu denken, zum Beispiel beim Ein- und Ausatmen, ausruhen und in der Natur Zeit zu verbringen.

Meine Kinder sind schon längst aus dem Kindergartenalter herausgewachsen, aus dem Schulalter auch. Sie sind so schnell groß geworden, ich bin selbst überrascht. Es ist vielleicht nicht so, dass alles einen Anfang hat und danach auch ein Ende kommt?

Nein. Wenigstens kann ich daran glauben, an was ich glauben möchte.

Es beginnt in jedem Moment eine neue schöne Zeit. Wir brauchen nur eine Gebrauchseinleitung dafür. Alles andere ergibt sich schon von selbst. Und, ja, das Leben ist auf gar keinen Fall zu kurz.

15. JEDES GANGMENÜ IST EIN EIGENES KAPITEL

„Was hat Sie dazu bewegt, den Kochlöffel in die Hand zu nehmen?“

„Es ist, als würden Sie mich fragen: Was hat Sie dazu bewegt zu leben und zu atmen? Das Zubereiten von Essen ist reine Magie. Zunächst muss man die richtigen Zutaten finden und auswählen, um sie dann in bestimmten Bedingungen am Feuer zubereiten. Kochen ist pure Kunst. Jedes Menü, das ich entworfen habe, bekommt einen eigenen Namen. Jeder Gang ist ein eigenes Kapitel einer selbsterlebten Geschichte.“

„Interessant“, hauchte die Journalistin in ihrem französischen Akzent.

„Jeder hat seine persönliche Geschichte zu erzählen. Das ist meine Art, sie zu präsentieren“, sagte er. Sein träumerischer Blick ruhte in der Weite und brach mit bunten, strapazierten Tapeten die Wände. Für ihn gab es keine Grenzen mehr. Er hatte bereits bewiesen, dass alles möglich ist – von einem armen Jungen bis zum Starkoch zu wachsen. Nachts, während er in seinem Bett lag, als kleiner Junge, träumte er von Ruhm und Erfolg – jede Nacht. Er dachte damals an Prinzen und Prinzessinnen, die eines Tages seine duftenden Gerichte in einem Schloss probieren würden.

Er forschte nach Formeln, Düften, besonderen Kombinationen aus Gewürzen, den richtigen Mengen und anderen chemischen und physikalischen Verbindungen. Jede Nacht suchte er nach dem perfekten Geschmack, notierte seine Erkenntnisse und gab ihnen schließlich Namen. Sein zweites gängiges Menü, eine Hühnerbrühe, hieß 'Déjà-vu' und ist bis heute noch in seinem Menükatalog zu finden. Es ist ein einfaches Rezept mit einer besonderen Note aus einer Prise Muskatnuss, Zimt und nur mit sehr wenig Honig. Dazu schmeckt die Suppe außergewöhnlich hervorragend.

Alle seine Kreationen sind streng geheim und werden sicher in einem Safe in seinem Zuhause aufbewahrt. Und egal, wie er sich in seinen Träumen nach Erfolg sehnte, er blieb trotzdem bescheiden. Seine ultimative Freude blieb jedoch aus. Vielleicht lag es daran, dass er hart kämpfen musste, um an die Spitze des Erfolgs zu gelangen. Diese Reise war alles andere als sanft – es war ein Kampf mit Schnittwunden, Schweiß und Verbrennungen auf seiner Haut. Jeden Abend musste er die ganze Küche reinigen und den Edelstahl perfekt polieren.

„Was hat Sie dazu motiviert, ein Buch zu schreiben? Jetzt, mit ihren geheimen Rezepten?"

„Ich möchte mein Wissen und meine Arbeit mit allen Menschen teilen. Genau wie ein Schriftsteller seine Romane schreibt, tue ich das auch auf meine Art und Weise. Das Besondere an meinem Buch ist, dass jedes Menü eine Geschichte erzählt. Alle meine Ideen, Begegnungen und Inspirationen, ob es um Liebe, Macht, Reichtum, Einsamkeit oder Freude geht, sind darin enthalten. Das Essen ist pures Leben, es bedeutet Atmen und Wohlbefinden, Vergangenheit und die Zukunft. Und meine kostbaren Geschichten gehören auch dazu."

„Danke."

16. AM SCHÖNSTEN IST ES, ZU FLIEGEN

Bei jedem Schritt, jeder Bewegung, die ich mache, frage ich mich jeden Tag: Ist das erlaubt? Wie schnell darf ich sein? Darf ich laut lachen? Wie spät ist es? Vielleicht ist es nicht zu spät?

Und jedes Mal, wenn ich mich entscheide, dass ich mich jetzt entspanne und mein Leben genieße, wirft mir eine Frage eine neue Herausforderung zu. Viel zu eng ist meine Uniform, tief atmen kann ich nicht. Der Raum ist klein, ich kann mich nicht richtig bewegen. Und viel zu gern hätte ich nach draußen laufen können.

Aber ich kann nicht. Ich muss immer lächeln, auch wenn ich viel zu müde bin. Freundlichkeit ist mein Markenzeichen und Eleganz meine Pflicht. Ich bin nicht besonders schön, aber alle schauen mir fasziniert zu, wenn ich nach meiner Schicht aufrecht nach Hause gehe durch beleuchtete Korridore.

Ich fliege zwischen den Wolken, weil ich Höhenangst habe. Deswegen bin ich heute Stewardess – ich habe Angst vor dem Fliegen. Nicht im klassischen Sinne des Wortes, sondern ich traue mir nichts zu. Außer Menschen zu dienen und sie zu begleiten, egal, wohin sie reisen möchten.

Ich liebe es, Zeit mit den Passagieren zu verbringen, ihnen zu helfen und ihnen Sicherheit zu demonstrieren. Das ist meine größte Priorität und mein größter Wunsch. Weil ich mich selbst nicht sicher fühle und nicht weiß, was es bedeutet, selbst bedient zu sein. Ich kann sagen, dass ich meine Arbeit sehr schätze und liebe.

Sie gibt mir all das, was ich nie haben könnte: die Zeit, die Ruhe, die Kraft, höchste Konzentration, wenn ich mich in meiner Arbeit vertiefe. Dabei fühle ich mich sehr geborgen.

Ich erinnere mich sehr gut an den Moment, in dem ich mich beschloss, Stewardess zu werden. Mit neun Jahren flog ich zum ersten Mal allein, ohne meine Familie. Ein freundlicher Kapitän brachte mich in einem gelben Auto vom Punkt A bis zum Flugzeug. Und er sagte mir einen Satz, den ich nie vergessen werde: „Am schönsten ist es, zu fliegen."

Als Kind war ich von vielen Menschen umgeben, aber niemand hat mich so inspiriert wie diese eine Begegnung mit einem Fremden. Und ich wünsche mir aus dem ganzen Herzen, dass ich anderen Menschen auf die gleiche Art und Weise Inspiration weitergeben kann. Somit werden alle meine Fragen beantwortet sein und vielleicht verschwindet meine Angst für immer.

17. DIE SUCHE NACH NAMEN

In seinen braunen Augen spiegelt sich die Großstadt. Durch die große Glasscheibe seiner Terrasse, getränkt mit Regentropfen, blickt er in sein neues Leben. Dadurch wirkt das Panorama noch einsamer, noch düsterer als die Erinnerung. Immer wieder hört er in seinem Inneren die Stimme seines Freundes: „Versuche es noch einmal."

Aber er wird nie wieder noch einmal versuchen wollen, auf das zu warten, was niemals kommen wird.

Auch wenn er von so vielen Menschen auf einer Straße umgeben ist, ist er immer noch einsam. Deshalb ist er hierher umgezogen, um nicht mehr allein zu sein. Aber jetzt versteht er die Welt nicht mehr. Er hat alles getan, um sein Glück zu finden:

Er hat sich verliebt, nach einem Sinn des Lebens gesucht und lange auf ein Zeichen gewartet. Dazu folgten sehr viele schlaflose Nächte und Streitereien mit seiner Geliebten. Aber seine Suche nach Seligkeit könnte seine Sehnsucht nach einer besseren Welt nicht ersetzen. Er musste sich noch mehr anstrengen, mehr versuchen – bis zum Himmel hoch. Dort wird er sich ganz wohlfühlen und sein neues Zuhause finden, zusammen mit Menschen, die an ihm vorbeigehen und ihm in die Augen schauen. Mit einem breiten Lächeln würden sie ihm zeigen, dass er überall willkommen ist. Aber heute ist er ganz weg von all dem, wonach er suchte.

Auf seiner Terrasse sieht er von Weitem die vielen Autos und Menschen, die in Eile sind. Sie alle blicken gelangweilt Richtung Boden, tippen auf ihren Handys oder gehen stumm und gerade vor sich. Sie schauen nie jemand anderem in die Augen, weil sie alle etwas Gemeinsames haben: Sie fühlen sich allein, vereinzelt und isoliert. Genau in diesen Momenten, wenn sie irgendwo hineilen müssen. Und sie eilen viel zu oft. Die Zeit ist ihnen zu knapp.

Wenigstens hatte er versucht in seinen Geschichten, die er Monate lang geschrieben hatte, die Welt zu verbessern und der Menschheit das zu geben, was er nie hatte – nämlich das Gefühl, dass jeder und alles miteinander verbunden ist. Dann würden sie an ihm vorbeigehen, ihm in die Augen schauen, mit ihm reden wollen und ihn sogar nach seinem Namen fragen. Die Welt wäre so schön gewesen. Aber er ist gescheitert und von seinem Weg schon längst abgekommen. Er wird nie seine Geschichten schreiben können, weil sie niemand lesen kann. Ab morgen wird er nach einer längeren Pause wieder als Anwalt in seiner Kanzlei arbeiten müssen, auch wenn er keine Lust dazu hat. Und er mag seine Arbeit nicht. Jeden Tag wird er unsichtbar sein wie alle anderen, denen er begegnet. Aber bevor er seinen ersten Kaffee ausgetrunken hatte an diesem

Morgen, spielt er wieder mit seinen Gedanken. Ab jetzt muss er alles anderes machen:

Er muss nur noch einmal versuchen, glücklich zu sein. Nicht mehr und nicht weniger, als nur jeden einzigen Moment zu genießen. Und dafür muss er nichts mehr unternehmen. Als den anderen in die Augen schauen. Und nach ihren Namen fragen.

18. „WAS WÄRE, WENN“- UNIVERSUM

Es gibt Geschichten, die erzählt werden müssen. Diese hier ist meine. Sie ist nicht besonders spektakulär oder etwas Einzigartiges. Sie ist eine unter vielen anderen. Ein niemals endendes Ereignis.

Ein Ereignis, das mit Zahlen beginnt. Sie sind immer für uns da. Das ganze Universum entsteht aus Zahlen, Koordinaten. Alles, was wir sehen oder berühren, gehört zu der Philosophie aller Dinge, zu den ersten und niemals endenden Zahlen. Vom Anfang bis zur Unendlichkeit. Vielleicht sind die Bilder um mich herum deswegen so intensiv, dass ich innehalte und sie einen Augenblick lang genießen kann. Ich bin im Hier und Jetzt, aber ich kann auch durch Raum und Zeit reisen. Buchstäblich sehe ich in meinen Träumen die Zukunft und manchmal höre ich die Stimmen meiner Kinder, auch wenn sie weit von mir entfernt sind. Meine Wahrnehmung gleicht einem Satelliten, der ständig etwas berechnet, analysiert, überwacht und sendet. Ich bin völlig überfordert.

Diese Fähigkeiten entwickeln sich spontan. Jeder von uns hat diese Voraussetzungen und die Gabe. Aber nur wenigen Menschen nützen sie. Warum? Weil sie viel zu intelligent sind? In der heutigen Gesellschaft? Das ist nur meine Theorie, dass hier Intelligenz eine Rolle spielen könnte. Denn ich habe nicht genug davon. Ich bin mir sicher. Alles, was ich lernen musste, was mich gar nicht interessierte, kam nicht in mein Bewusstsein rein. Besonders schlimm sind diese Zahlen. Ich kann nicht rechnen, weil ich sie nicht verstehen kann. Diese Unfähigkeit, die Welt der Zahlen zu verstehen, hat mein ganzes Leben beeinflusst. Alle Termine, die ich bekomme, muss ich streng beobachten, sonst verändern sie sich ständig. Die Kassiererin an der Kasse spricht plötzlich eine andere Sprache, ich kann sie nicht verstehen. Für mich existieren die Zahlen nicht. Mein Bewusstsein will sie nicht wahrnehmen.

Stellen Sie sich vor, dass man permanent von einem Universum zum anderen wechselt. So fühlt sich Dyskalkulie an und so nennt sich diese Störung. Ich schaue mir die Zahlen an, doch plötzlich verwandeln sie sich in anderen Zahlen – direkt vor meinen Augen. Das ist wie verhext, Zauberei! So geht es mir, wenn ich mit Zahlen arbeiten muss. Auch in der Schule war es nicht einfach: „Ist dein Gehirn heute in der Tiefkühltruhe?“, fragte mich ein Mathelehrer.

Ich habe bis heute keinen richtigen Beruf gefunden. Ich bin ein bisschen von allem. Ich habe in der Küche, im Büro, an der Yogamatte, der Nähmaschine gearbeitet. Ich wollte als Stewardess, Psychologin, Schauspielerin und Astronomin arbeiten. Viele Geschichten, die ich schreibe, spielen in „was wäre, wenn“-Universen. So kann ich alles erreichen, was ich gerne sein möchte. Vor allem möchte ich zeigen, dass die Zahlen das Universum erschaffen.

Und wir sind ein Teil davon.

19. DIE ZUKUNFT LIEGT IN DEINER HAND

Mit besonderen reflektierenden Farben war dieser Ort, an dem ich mich selbst vergaß und eine Zeit lang mit größter Freude verbracht habe, äußerst faszinierend und atemberaubend. Die Wurzeln der Bäume waren mit purem Gold geschmückt und sie waren nicht tief in der Erde verankert – sondern umgekehrt. Gerahmt von der Farbe des Himmels, einer Nuance, die ich noch nicht kannte. Die Menschen hier waren sehr nett. Manche kannte ich aus meiner Nachbarschaft, manche sah ich zum ersten Mal. Aber immerhin kannte ich sie alle, obwohl ich ihnen noch nie begegnet war. Sie waren mir vertraut, und ihre Sprache beherrschte ich perfekt – die Sprache des Herzens.

Ein Mann in einem schwarzen Anzug zeigte mir diesen langen Weg bis dorthin. Ich wollte nicht gehen, aber er blieb an meiner Seite und seine Blicke verrieten mir, dass ich sehr weit reisen musste. Obwohl diese Reise weniger als einen Augenblick entfernt war, schien sie mir tausend Lichtjahre weit zu sein. Nach viel Gerede und Diskussion schaffte ich es schließlich, dorthin zu gelangen, wo die Bäume aus Gold sind. Ich war so glücklich, als ich dort meiner Oma begegnete. Sie sah genau so aus, wie ich sie in meiner Erinnerung hatte – immer lächelnd und wunderschön.

Sie zeigte mir die vielen kleinen Straßen, die mit Blumen übersät in kleinen Gärtnern lagen. Bei unseren Spaziergängen trafen wir viele liebevolle Menschen, deren Gesichter von der Wärme der puren Freundlichkeit erstrahlten. Dann haben wir leckere Gerichte gekocht und mit unseren Freunden gemütlich bei Kerzenlicht gegessen. Ich habe mich sogar ausgeruht und geschlafen. Diese Zeit war lang genug, und ich verschwendete keinen Gedanken mehr über den Zeitfluss. Hier gab es mehr als genug davon.

Über meinen Zustand, dieses böse Burn-out, dachte ich nicht mehr nach. Und unsere langen Gespräche genoss ich sehr, sodass ich jeden Moment auskosten konnte. Ich wusste, dass ich ein besonderes Privileg hatte, hier zu sein. Es vergingen zauberhafte vierzehn Tage, und ich kam augenblicklich zurück nach Hause. Ich öffnete meine Augen und sah die Sonnenstrahlen, die durch das Fenster hereinkamen. In diesem Moment schwor ich mir, dass ich meine Tage nie wieder mit Angst verbringen würde. Es war drei Uhr nachmittags, und mir wurde klar, dass ich vierzehn Stunden lang geschlafen hatte. Ich erinnerte mich gut an meinen Traum; er war so real. Ich hatte alles vergessen, was mir meine Oma gesagt hatte. Aber mit der Zeit schaffte es mein Unterbewusstsein, die Sprache des Herzens zu übersetzen:

„Egal, wie du dich bemühst, es wird nie so sein, wie du es gerne hättest. Das Schicksal lässt sich nicht umgehen – alles muss so sein, wie es sein soll. Lebe jeden Tag, als wäre er unendlich lang, und alles wird gut sein. Auch wenn alles schon vorherbestimmt ist, liegt die Zukunft jedoch in deiner Hand. Beherrsche die Sprache des Herzens und du wirst nie mehr Angst haben.“

Biljana Popovic ist am 07.02.1978 in München geboren. Aufgewachsen ist sie in Serbien, wo sie die Schule für Textildesign in Belgrad erfolgreich absolvierte. Sie fotografiert die Natur und schreibt gerne Geschichten. Sie trainiert Eiskunstlauf und mit 38 Jahren begann sie, Ballett zu trainieren. Heute nimmt sie an wichtigen internationalen Wettbewerben Teil und tritt mit ihrer Tanzgruppe auf. Heute lebt sie mit ihrem Mann und ihren drei Kindern in Ingolstadt.

Zitat:

„Was ist das – es fängt an und gleichzeitig endet es?

ES IST DIE GEGENWART“.

Biljana
Popovic